E. DURÈGNE

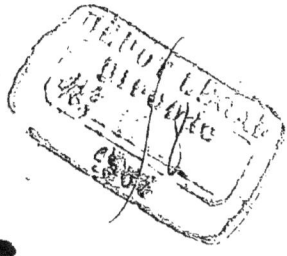

Aquarelles d'Espagne

BORDEAUX

IMPRIMERIE G. GOUNOUILHOU

9-11, RUE GUIRAUDE, 9-11

1906

E. DURÈGNE

Aquarelles d'Espagne

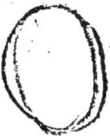

BORDEAUX

IMPRIMERIE G. GOUNOUILHOU

7-11, RUE GUIRAUDE, 7-11

1906

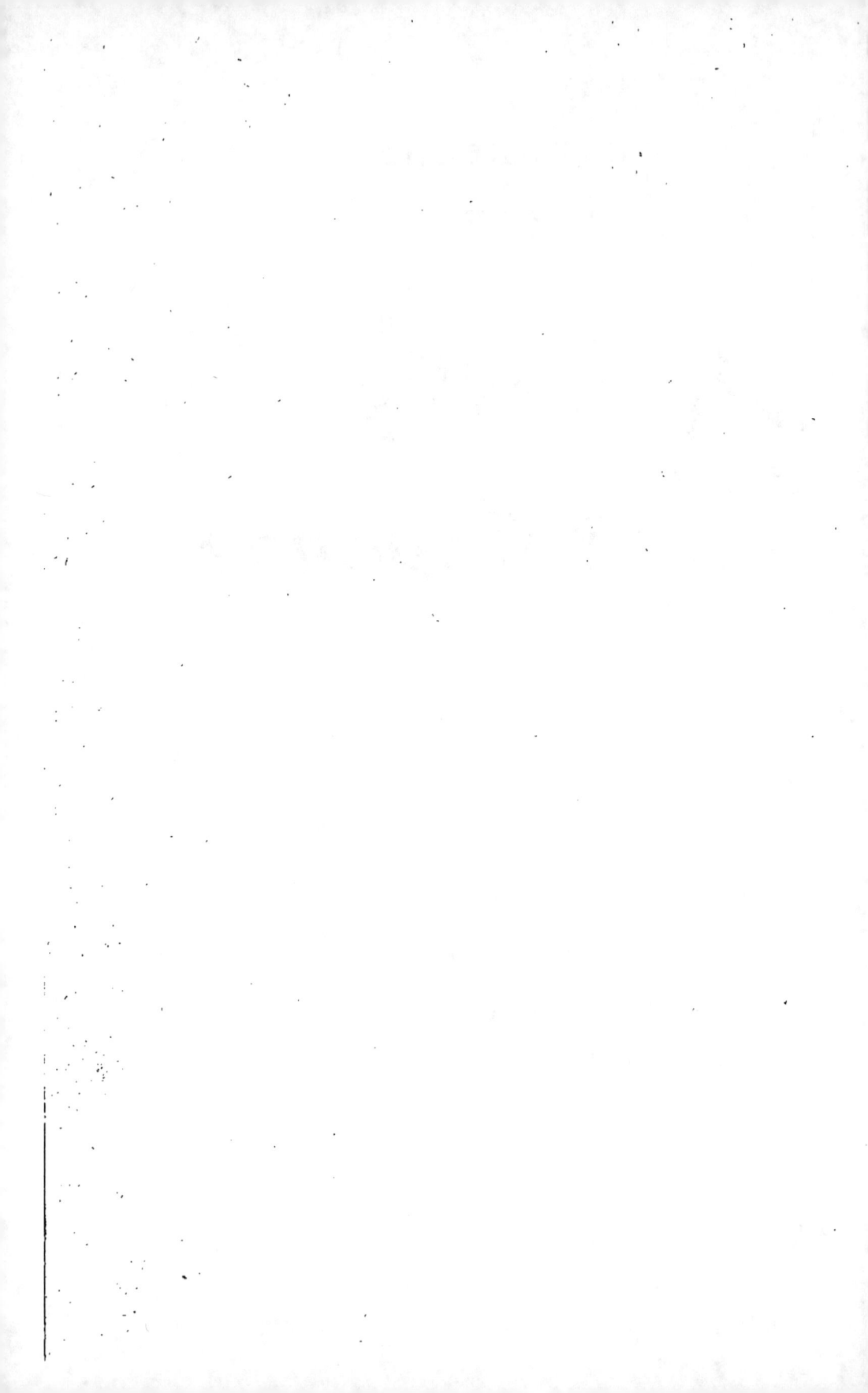

AQUARELLES D'ESPAGNE

VERS LES CASTILLES

3 octobre.

La pluie bordelaise nous poursuit; détrempées les rampes cahotantes d'Hendaye; noyé dans la buée le ravissant estuaire de la Bidassoa; les nuages lourds couronnent le Jaizquibel, la Haya, les sommets basques; tout est d'un gris sombre, et les pommiers ruissellent comme dans les régions sœurs de Bretagne et de Normandie.

Pasajes, Saint-Sébastien, souvenirs de chaudes journées d'août, entrevues à travers le rideau brumeux; les derniers Madrilènes montent emmitouflés dans notre train; depuis longtemps déjà les hirondelles ont fui vers le sud.

Nous gravissons maintenant vers la ligne de faîte, longeant une série de villages basques très populeux, aux maisons écrasées sous les larges toits de tuiles, dominés par des églises toutes semblables, démesurément hautes, sans fenêtres, à l'air farouche. Et le long du torrent aux eaux

troubles, partout des usines; c'est la région tra-
vailleuse aux noms bizarres, exotiques, que nous
côtoyons, montant sans répit, en attendant la
véritable Espagne.

Plus haut, rien ne retient plus l'attention, c'est
un paysage quelconque de montagne, autant que
permet d'en juger la série interminable des tun-
nels, avec des châtaigniers et des chênes chétifs,
toujours ébranchés ; les sommets sont cachés
dans la brume, et il pleut toujours.

Enfin, nous descendons en Navarre. Le rideau
se lève un peu, il laisse voir de grandes croupes
pelées. La nature se fait plus âpre. Au delà de
Vitoria, aux maisons vitrées du haut en bas, c'est
déjà l'aridité.

Plus de villages, plus d'arbres, mais encore des
champs bien cultivés par des laboureurs invisi-
bles. A droite et à gauche, les escarpements de
grandes falaises grises, avec une ligne horizon-
tale de maigre végétation de chênes-verts.

Pancorbo! Roches étranges, tourmentées, dé-
chiquetées, se relevant comme de gigantesques
sérac blanchâtres. La voie passe on ne sait
comment dans ce chaos qui se referme derrière
elle. Je ne puis comprendre le dessin qu'en a

donné Gustave Doré, œuvre d'imagination pure. Un croquis fidèle, sous un tel crayon, eût si bien évoqué le caractère dantesque de ce site inoubliable!

« O vous qui passez, amis des eaux limpides, amis de la douce verdure, laissez toute espérance! », nous sommes maintenant en Castille, ou plutôt en Afrique.

Il est à peu près onze heures. Nous entrons pour ce jour, et pour demain, et pour trois semaines, dans le paysage très simple que voici :

Une plaine immense d'ocre, ocre rouge ou ocre jaune, indéfinie, qui doit être cultivée, car on y voit des limites de champs. Ni villes ni villages; des pistes, où cheminent de petits ânes avec leurs cavaliers, perdus dans un cadre trop grand. Tout cela très poudreux, très triste.

Horizon barré par de vastes plateaux, en couches régulières, rouges, blanches, orangées, absolument nus, se terminant en falaises ravinées par les orages.

Les habitants doivent être très loin. Le travail des champs s'y complique pour eux de longs voyages et les moissons s'y préparent à la grâce de Dieu, garanties contre les oiseaux pillards par la destruction systématique de tous les arbres.

A longs intervalles, on aperçoit, collées contre
la falaise, des agglomérations de choses ressem-
blant aux alvéoles de nids de frelons; cela est
couleur de terre ou de pierre, dans la même
tonalité ocreuse, tourné vers le soleil ardent du
midi. Des tours élancées surgissent au-dessus
de ces ruches, petites villes que la voie ferrée
semble éviter avec le plus grand soin.

Cette plaine fut, il y a des milliers de siècles,
le lit de courants diluviens qui y ont déposé une
masse énorme de cailloux, de sable et de limon
jaune, masse dans laquelle les fleuves de la période
actuelle se sont taillé de vastes et profonds lits
aux berges à pic. C'est là, paraît-il, que s'écou-
lera l'eau torrentielle des rares jours pluvieux;
l'heure n'est pas encore venue, et les nuages qui
obscurcissent au nord l'horizon de Biscaye n'ont
rien déversé sur cette terre qui crie la soif. Je
retrouve le paysage classique des terres à blé des
plateaux algériens : l'« oued » est à sec, sans un
arbre, sans une tache verte pour l'annoncer; de
loin en loin, un chapelet d'étangs allongés achè-
vent de s'y évaporer à l'ardent soleil d'octobre.

Une heure. A l'horizon, une colline en table,
d'un blanc pur; au pied, quelque chose d'habité,

une apparence de ville; en approchant, on distingue plus nettement une masse sombre, enchevêtrement de clochers, de tourelles, de clochetons ciselés à jour, dentelle de pierres noircies se détachant sur un fond de craie calcinée... Burgos!

TOLÈDE

5 octobre.

Les mornes plaines ont défilé devant nos yeux lassés pendant des heures, et les noms glorieux ont retenti sans écho dans la vulgarité des gares longuement espacées : Valladolid! — Medina del Campo! avec une belle ruine aux chaudes couleurs, sur un tertre d'ocre rouge. — Ségovie! où le passage du train de France est la seule distraction des futurs officiers d'artillerie.

En deux ou trois points, des forêts de pins surgissent du sol nu, pins parasols espacés par la dent des bêtes faméliques, tordus et tortillés par l'angoisse des hivers durs et des étés féroces, puis se retrouve encore le désert.....

Bientôt tout s'efface dans le crépuscule et dans notre torpeur...

Madrid, ville banale, comme tous les caprices de rois, surgissant de la solitude, ville factice

dont on ne peut sortir pour chercher un coin
d'ombre, une sensation de verdure — sans bico-
ques ni guinguettes de banlieue, — sans eau!

Cette prison, que le désert garde plus sûre-
ment qu'une enceinte bastionnée, possède un
trésor merveilleux, son musée du Prado, rival
de notre Louvre; puis encore l'inoubliable vision
des fantômes damasquinés de son « arméria ».

Mais il nous tarde d'entrer en pays arabe, et,
à mesure que le Tage se rapproche, mes souvenirs algériens reviennent en foule : ces premiers
oliviers accrochés sur le sol sec, ces horizons
barrés par des collines aux à-pic étranges, aux
colorations désertiques, et surtout cette lumière
intense, qui baigne jusqu'au fond des ombres.

Arrivée déconcertante! Tolède est trop visitée
par les touristes; cela se voit à l'empressement
des voituriers, des « mozos », des interprètes, des
quémandeurs de « propina ».

La route très poudreuse fait un tournant brus-
que et voici enfin, à l'improviste, au fond d'une
large entaille, le Tage coulant clair sur les vieux
barrages, entre des parois pourprées; la ville,
haut perchée, est invisible, ou à peu près, à part
l'Alcazar, à l'aspect de caserne, dont les quatre

tours ont la silhouette de clochers de village. Rien n'indique le site étrange de cette capitale des races guerrières de jadis, Wisigoths ou Maures, si bien gardée par la boucle infranchissable qui l'enserre. Puis un boulevard quelconque monte, trop bien tracé par un ingénieur moderne, passant, brutal, devant ce bijou mauresque, si souvent reproduit, la Puerta del Sol.

Pauvre bibelot d'étagère, restauré à neuf, isolé au milieu des expropriations, masqué par le lourd remblai, tu devais avoir plus fière allure lorsque, encadré dans les murailles antiques, tu te dressais, lézardé, sur ton piédestal de rochers bruts, tel un mendiant de Castille dans ses glorieux haillons !

Une fois en ville, la désillusion est enrayée, mais je suis frappé du manque général de la couleur locale si attendue.

Ni balcons ouvragés, aux rideaux jaloux, ni fiers écussons, ni miradores ; maisons de petite ville de province infiniment moins originales que la plupart de nos vieilles demeures de France. Plus de costumes !

La cathédrale est un monde, coffre-fort de pierre gardant jalousement, comme toutes ses sœurs espagnoles, les merveilles accumulées aux siècles de richesse. Les pierreries, les perles, le premier or d'Amérique, les tableaux précieux, la ciselure des marbres, la dentelle des tombeaux, tout est méthodiquement présenté au défilé des touristes avec le soin spécial d'une administration qui a tout prévu, surtout le tarif, et de façon à permettre la visite de la ville entre les deux trains de Madrid, aller et retour, déjeuner compris.

Nous avons prétendu faire davantage, et, après avoir admiré les derniers vestiges de l'époque arabe : les curieuses synagogues du Transito et de Santa Maria la Blanca, puis San Juan de los Reyes, cette châsse de pierre sculptée à jour, puis encore cette pauvre petite mosquée, si pure de style, si misérable dans son jardin ensoleillé, Cristo de la Luz, nous avons voulu revoir Tolède de haut et de loin, dans son véritable cadre, le plateau sauvage où les Africains s'étaient si facilement acclimatés !

Le pont San Martin a très grand caractère, il n'est pas déparé par un arc de triomphe prétentieux comme celui de l'Alcantara, et la tour mauresque qui en défend l'entrée, seule au bord de l'abîme, s'harmonise à la fois avec les lignes puissantes de l'ouvrage des hommes et avec la nature farouche où nous allons pénétrer.

Le ravin traversé, nous nous engageons dans un vrai chemin d'Espagne, lit de torrent d'orage ou vestige de voie antique, piste pour les bêtes de somme en file, où notre léger véhicule procède par bonds sur les pierres éparses.

Et nous montons sur le plateau bordé de murs en terre croulante et de ruines informes; l'étendue rougeâtre apparaît de plus en plus immense, et voici, très grande sur son piédestal de rocs, la fière cité parsemée de tours, de clochers, de coupoles, le tout doré ou plutôt bronzé en une harmonie absolue avec tout l'entour, se détachant sur la silhouette violacée des sierras lointaines.

A nos pieds se devine le Tage, enfoui dans sa tranchée rocheuse, aux parois foncées comme de la lave; il nous apparaît à un détour de la route poudreuse, à l'extrémité d'un ravin tapissé de cactus; il a des reflets étranges, reflets d'azur, reflets de pourpre qui vont bientôt s'éteindre. A regret, nous prenons le chemin du retour; bien en face, très fière sur le ciel implacablement pur du crépuscule, se profile la silhouette fantastique d'une forteresse du temps des califes, seule dans l'obsédante aridité.

CORDOUE

6 octobre.

Dans la nuit, une petite gare dans la solitude. Il tombe du froid des étoiles, et le désert environnant prend des tons bleus très tristes.

Les portes, les fenêtres tendues de toile métallique expliquent cette désolation : les marais à fièvre sont proches.

Nous attendons là deux heures. Le train arrive, enfin ; à haute voix, on fait l'appel des privilégiés qui pourront partir ; un moment d'angoisse... mais nous en sommes !

.   .   .   .

Le jour se lève très clair, très limpide ; il emplit la très large galerie aux brillants carreaux de faïence et de marbre sur laquelle donne notre chambre d'hôtel, et je vais m'accouder au balcon qui donne sur la ville, me baigner dans cette lumière d'aurore.

Le ciel, infiniment pur, est d'un vert infiniment doux, sur lequel tranche, juste en face, une très haute colline dont le lilas clair virera à l'ocre jaune lorsque le soleil aura monté.

La ville endormie s'éclaire graduellement à son tour ; voici les grands palmiers, les hautes tours carrées, les dômes qui s'illuminent en or, puis les terrasses supérieures, puis les plus humbles toitures, avec, au centre de chacune, un trou carré encore noir.

Et, dans le jour plus blanc, chaque chose reprend sa couleur véritable : la terre parsemée d'oliviers redevient sèche et aride, tandis que les murs étagés, enchevêtrés, resplendissent en mauve, en vert clair, en bleu ciel, en blanc pur — ce blanc immaculé des villes de l'Islam.

Palmiers, terrasses, minarets, me donnent une nouvelle vision de Tunis, à peine modifiée par les croix et par les cloches.

Il fait une bonne chaleur d'été; les toiles, repliées contre les façades, vont bientôt être tendues; pour moi, je vais flâner par les rues étroites, tortueuses, mal pavées de cailloux pointus, mais d'une propreté inattendue. Petites sont les maisons, aux couleurs claires, toujours fraîches. Toutes les portes sont ouvertes, et, dans chacun des clairs vestibules tapissés d'«azulejos», une grille ouvragée, jalousement fermée, laisse admirer aux rares passants les plantes constamment arrosées du «patio».

Et, dans le liseré d'ombre, glissent sur les

dalles de grêles formes féminines, drapées dans
le « manton » frangé, jaune, rose, un bouquet
de jasmin piqué dans la lourde chevelure.

La flânerie est délicieuse dans cette ville arabe
où les chrétiens se sont bornés à ouvrir quelques
fenêtres dans les façades. Je vais à la recherche
des recoins, des détours imprévus, des frag-
ments d'architecture lointaine bien ensoleillés ;
les gamins m'interpellent : « Mezquita? Puente
Romano? » mais ils n'insistent pas. A quoi bon
un guide? La pente des rues me conduira sûre-
ment au Guadalquivir, au pont célèbre que les
flots humains n'ont pas plus entamé que les
efforts du fleuve, bien défendu par sa forteresse
aux chaudes tonalités dorées.

Nombreuses sont les désillusions dans un
voyage d'Espagne : la nature marâtre y exerce son
obsession, et le touriste, rebuté par les longues
heures de route, par les insomnies, par le boulever-
sement des habitudes européennes, n'en voit pas
souvent l'équitable compensation dans les spec-
tacles trop clairsemés qu'il vient chercher si loin !

Dans tous les cas, il peut aller sans crainte à
Cordoue : il y oubliera sa peine.

La « Mezquita » est un de ces monuments qui

incarnent une humanité, une époque, une civilisation, et alors que les arts de l'Islam ont subi la plus lamentable des décadences, que le fatalisme dogmatique défend de relever les ruines qu'Allah daigne laisser tomber, la conquête chrétienne, malgré les regrettables dévastations qu'elle a trop souvent tolérées, nous évite, en revanche, le pèlerinage de Kairouan ou du Caire, pour rechercher la pure formule architecturale de l'époque glorieuse des califes.

Les palais arabes reproduisent dans leur plan comme dans leur décoration le dédale des tentes, richement ouvragées, où les conquérants nomades transportaient chaque soir leur quartier général et leur harem ; ces bagatelles de stuc et de marbre ajouré devaient durer tout au plus une vie humaine pour les orgies ou les massacres. Mais quand il s'est agi de la Maison de la Prière, mille colonnes pillées dans les églises chrétiennes ou dans les ruines antiques devinrent les troncs incorruptibles d'une forêt de palmiers plantés à la gloire du Dieu Unique. Et les califes contemporains de Charlemagne ajoutèrent, chacun à son tour, des allées ombreuses à l'éternelle oasis toujours fraîche, où leurs noms étaient inscrits pour rester immortels.

Les centaines de lampes d'or, les tapis précieux ont disparu; d'odieuses voûtes qu'on enlève aujourd'hui ont tout recouvert; les chanoines du xvie siècle ont planté pour leur usage exclusif une cathédrale au beau milieu des colonnades aux perspectives fuyantes; partout ont été accolés des autels d'un goût déplorable et l'antique décoration murale a disparu sous l'odieux badigeon; mais, quand même, il semble que les onze siècles écoulés n'ont pu chasser l'âme de ce sanctuaire sacré, ce qui reste est encore une merveille qui saisit et qui garde. C'est bien ici le lieu réservé à ce Dieu invisible, mystérieux, qui proscrivait les images et les symboles et dont la parole était conservée, trésor plus précieux que le trésor des rois, dans le tabernacle de marbre, de mosaïque et d'or devant lequel nous avons la tentation de nous prosterner.

L'Espagne moderne, malgré le sommeil de sa prospérité, malgré le sang fataliste qui lui vient des aïeux, entoure sa Mezquita d'un respect éclairé, et fait réapparaître chaque année quelque précieux vestige de la splendeur de jadis; ainsi, on a déjà retrouvé en grande partie les plafonds, en bois de pin de l'an 785, avec leur décoration polychrome qui va être reproduite avec le

plus grand soin; partout, sous les enduits qui
en ont été peut-être la sauvegarde, derrière les
retables rococo, se découvrent de beaux frag-
ments ornementaux en pierre blanche, en marbre, délicatement fouillés, rehaussés de rouge,
et tout cela va reparaître, pas trop restauré,
j'espère, en une délicate harmonie, très atténuée
dans l'ombre lumineuse, ombre de prière, ombre
pleine du passé grandiose, où il est aussi facile
de crier sa peine vers le Christ « doux et humble
de cœur » que de murmurer dans la prosterna-
tion le nom sacré d'Allah « qui seul est grand ».

Mais voici que ce grand silence est soudaine-
ment rompu, c'est l'heure de l'office quotidien.
Mon rêve s'enfuit, tandis qu'en leur vaisseau
très éclairé, surchargé de sculptures, de grilles
somptueuses et de statues sans nombre, les
chanoines à leur tour prient à leur manière.

Il était si facile d'incarner la foi chrétienne de
la « Reconquista » dans l'harmonie sans mélange
d'une œuvre *séparée,* digne de l'Espagne, image
de sa suprématie d'alors! Et plus que jamais
reviennent à ma mémoire les sévères paroles du
maître du saint empire romain : « Si j'avais su ce
que vous vouliez faire, vous ne l'auriez pas fait! »

. . . .

Le jour tombe, un long convoi de mules disparaît dans un lourd nuage de poussière dorée. Autour d'une fontaine délabrée, une cinquantaine de femmes sont assises près de leurs cruches en terre rouge. Il n'a pas plu depuis treize mois, et chaque quartier doit attendre son tour.

SÉVILLE

10 octobre.

Désillusion ! Sera-ce donc l'obsédant refrain de notre voyage ?

Cordoue m'avait séduit dans sa pure vision d'Orient, l'âpre nature enchâssait au moins un joyau merveilleux ! Mais voici que je quitte Séville le cœur serré : je n'ai pas trouvé ce que j'y venais chercher.

La plaine andalouse est aussi morne, aussi désolée que le plateau castillan ; tout s'y meurt en ce déclin d'un été de famine, et c'est à grand'peine que les norias puisent encore dans les eaux basses du Guadalquivir.

Voilà donc cette riche Bétique, terre de lait et de miel, mirage de tant d'invasions, dont les maigres oliviers, espacés sur un sol calciné rompent seuls la monotonie ! Les palmiers de la place San Fernando ont certainement fière allure ; mais, ailleurs, tout est poudreux, assoiffé. Au Parc, à San Telmo, il n'y a plus que des taches de verdure, le long des rigoles qui absorbent avidement l'eau précieuse si parcimonieusement distribuée.

Quant aux « Délicias », ironie ! une étroite allée tantôt boue, tantôt poussière, bordée de minces arbres desséchés, avec, intercalés, des projets de palmiers, et au delà, à droite comme à gauche, des terres nues, des champs labourés, paysage de Beauce dans l'attente d'une pluie fertilisante qui ne tombera donc jamais ?

Certes, Séville est vivante, mais la foule qui se presse dans l'étroit et court boyau de « Sierpes » est une masse terne, grisâtre comme la terre, masse exclusivement populaire, habillée comme nos paysans du Centre, peut-être avec des vestes plus courtes, figures soigneusement rasées, avec le sombrero moderne aux bords larges et coupants.

De chaque côté de cette rue célèbre, dont les dalles sont interdites aux voitures, d'immenses cafés jettent de vives lueurs ; les uns, luxueusement meublés, sont des cercles derrière les glaces desquels les « messieurs » voient défiler les « hommes », les autres sont envahis par des groupes de quatre, six buveurs silencieux autour d'un alcarraza, dégustant pendant toute une soirée leur verre d'eau fraîche et leur éternelle cigarette.

En certains recoins privilégiés, trônent au milieu d'une cour d'aficionados les toreros dans leur élégante tenue sombre, au galbe fin, au fier sourire de prélats romains.

Les hommes sont les maîtres dans cette ancienne terre de l'Islam; les rares femmes qui circulent, humbles, inaperçues, sont les journalières, les domestiques, silhouettes chétives, mal drapées dans le châle andalou, terne et fripé, visages fanés, pauvres fleurs dont le printemps fut court. Un reste de coquetterie se réfugie dans la chevelure, toujours correcte, et dans le bouquet qui l'accompagne invariablement.

Mais, enfin, où est donc cette Sévillane, cette beauté andalouse si réputée dans les guides, sur les affiches de la « féria », qui attire tant de Parisiens pendant les fêtes, hélas! si peu chrétiennes, de la Semaine Sainte?

Pour avoir une idée du type populaire, nous avons passé en revue les centaines de cigarières de la manufacture. O Carmen, que tu es loin! combien lointaine aussi, hélas! la jeunesse de ces tristes esclaves? Quelle misère! le cœur se serre en contemplant les pauvres bébés qui dorment dans leur berceau, à côté de ces mères brunies, amaigries, acharnées à leur besogne fiévreuse. Quelques-unes sommeillent affalées, le front sur la table, exténuées, empoisonnées par la lourde atmosphère.

Peut-être serons-nous plus heureux à l'autre bout de l'échelle sociale? Mais, ici, obstacle infranchissable! La femme du monde est invisible à Séville, tout comme les belles masquées de Tanger ou de Constantinople.

Nous aurions dû ne pas négliger, en partant, des lettres d'introduction.

Faute de mieux, nous sommes allés faire une tournée aux « Délicias » deux soirs de suite, à l'heure du défilé des équipages... Hélas! je préfère ne rien dire, ayant été l'hôte de l'Espagne; je me borne à soupirer sur la disparition des mantilles et sur les vagues imitations, combien lointaines! des modistes parisiennes!...

Au moins, me dira-t-on, la ville par elle-même? les monuments?... Ville grande, mais banale, aux maisons bien fermées, avec patio, mais façades modernes, prétentieuses ou vulgaires, et non plus les logis arabes de Cordoue.

La Casa de Pilatos? — Pastiche d'un art déjà disparu, luxueuse fantaisie de grand seigneur. L'Alcazar? — Décor d'opéra-comique, retapé, repeint à neuf, casino ou annexe d'Exposition universelle avec gardiens galonnés, et nombreux peintres, marchands de « souvenirs de Séville ».

Malgré cette note pessimiste, il faut, pour être juste, retenir quelques impressions agréables derrière lesquelles s'atténueront très suffisamment les autres.

Et d'abord cette merveille, la « Miravilla » du dicton connu, la « Giralda », si gracieuse, si pleine d'harmonie, minaret du plus pur mauresque, couronné par un des rares chefs-d'œuvre de la Renaissance espagnole.

Cette Giralda qui fait battre le cœur lorsque, de très loin, elle annonce la grande ville andalouse, elle attire, elle fascine, on la cherche au bout de toutes les perspectives; c'est encore sa silhouette charmeuse qui donne la seule note vraiment originale au décor des fameux jardins de l'Alcazar, jardins où se donnent rendez-vous, pêle-mêle en grand désordre, toutes les plantes méridionales, sauf pourtant... les sycomores.

Deuxième jouissance profonde et inoubliable :
les Murillo du Musée et de la Caridad...

Puis aussi un joli coucher de soleil sur le port,
la Tour de l'Or, au premier plan, gracieuse silhouette d'un flacon colossal, souvenir du temps
de la brutale épopée colombienne, lorsque le
métal des Amériques vint tuer à jamais l'énergie
des travailleurs de la terre.

J'ai encore un autre souvenir, plus personnel,
plus profond aussi... On chantait la grand'messe
sous les hautes voûtes de la cathédrale. Il faisait
très sombre, nous étions presque seuls. Les or-
gues jumelles du « Coro » se répondaient dans
un rythme étrange, rapide, dominé à fréquents
intervalles par des grondements de tonnerre;
puis, à cet accompagnement fantastique, sans
répit, se mêlèrent les chœurs aux modalités
bizarres, harmonie imprévue de cris nasillards
et de voix métalliques. Toute la catholique Espagne était là dans cette synthèse passionnée : les
ascètes livides, les martyrs aux plaies béantes,
les christs ruisselants de sang; tout à coup, la
cloche tinta, il se fit un silence... alors s'éleva,
poignante, une phrase douce, pénétrante, exquise,
une plainte, la plainte de l'humanité!... et les
larmes montèrent à mes yeux.

CADIZ

10 octobre.

La Giralda a disparu dans le lointain saturé de poussière ; plus de cent kilomètres nous séparent encore de la mer, de cette sensation obsédante d'une brise humide, et, en attendant, défile la plaine dénudée, coupée de clôtures farouches où dardent les épines des cactus et des aloès.

C'est bien le pays de la soif. A Utrera, une dizaine de marchandes d'eau se sont hissées au-dessus de la haute clôture en planches de la gare ; on ne voit émerger que leur buste contor-sionné, et leurs bras nous tendent des cruches, à grand renfort de gestes, de cris et de sourires.

La contagion nous gagne, nous comptons les arrêts du train par les bouteilles vides de « gaseosa » alignées sous nos banquettes.

L'eau ? enfin l'eau ! nous nous précipitons à la portière ! Devant nous, un lac immense arrive jusqu'à la voie ; de loin en loin, perchées sur des sortes d'îlots, de blanches « haciendas » aux toits rouges doublent leur éclatante image dans la nappe singulièrement calme.

Elle est étrange, cette nappe, inondation inat-tendue ; bien étrange, *car elle n'existe pas.*

A mesure que nous avançons, le sol se dessè-
che, le miroir qui brillait sous les pieds des
troupeaux noirs, où se reflétait la hampe déme-
surée des agaves, s'enfuit sous nos yeux surpris.

Tout n'était que *mirage!* et nous continuons
à traverser la désolation.

Puis la plaine se trouve barrée par de longues
ondulations d'une terre brune où la voie serpente.

Accrochées en longues files sur les flancs des
coteaux, nous comptons jusqu'à vingt paires de
grands bœufs noirs traçant à la fois leur sillon
dans les immenses domaines, de grands seigneurs
ou d'église; pour la première fois, l'Espagne
agricole nous paraît secouer la torpeur de l'été
déclinant.

Le pittoresque disparaît complètement lorsque
nous atteignons Jerez; les fameuses vignes sont
de sèches et éparses broussailles, et l'« industrie »
du vin se manifeste dans toute sa laideur par
les massives « bodegas » et les affiches-réclames.

Enfin, voici l'impression tant désirée! enfin,
voici la douce brise aux vivifiantes senteurs! Une
vaste nappe bleue se découvre subitement, et,
au delà, suspendue dans l'azur, une ville fantôme
toute blanche, ville de rêve, dont resplendissent

dans la même tonalité éclatante les dômes, les tours et les terrasses.

C'est une nouvelle Venise, mais non une Venise endormie sur la froide lagune, c'est une Venise ressuscitée dans une auréole argentée, irrésistiblement attractive.

Est-ce un nouveau mirage? Lentement s'efface la vision merveilleuse; la blanche Cadiz semble fuir, s'évanouir derrière les voiles latines des petites barques de pêche; il nous faut faire un immense circuit au milieu des pyramides de sel, sans pourtant détacher nos yeux fascinés de ce point blanc où doit aujourd'hui se terminer notre étape.

Cadiz est une des rares villes d'Espagne qui tiennent leurs promesses, et notre séjour nous y a paru trop court, soit effet de contraste en cet automne terrible, soit plutôt effet d'un charme réel dans toute la puissance de sa séduction. Cadiz est si coquette, si riante! la population y paraît plus heureuse, les femmes plus jolies. La nature elle-même trouve sur ces rochers battus par les grandes vagues de l'Océan le moyen d'y être plus gracieuse. Les palmiers y sont d'une robustesse inconnue, les jardins d'une fraîcheur surprenante, et je garde au nombre de mes plus profondes impressions le souvenir d'une longue rêverie au sommet d'un labyrinthe émergeant du parfum des fleurs, alors que la lune, reflétée par le scintillement de l'immense baie, enveloppait la ville assoupie d'une phosphorescence nacrée.

LA ROUTE D'ALGECIRAS

11 octobre.

Volontairement nous avons manqué le bateau de Tanger ; alarmés, malgré la pureté du ciel, par la baisse du baromètre, et sans nous arrêter aux difficultés de la route de terre, nous allons prendre, par Algeciras et Gibraltar, le chemin des écoliers.

Négocier la location d'un équipage n'est pas chose aisée, même dans cette ville cosmopolite ; mais, enfin, nous voilà partis, au point du jour, au grand trot de nos cinq haridelles, abandonnant la plupart de nos bagages à l'« amo », qui, au dernier moment, s'est refusé à en surcharger notre frêle voiture, nous promettant qu'ils nous rejoindront — probablement — cette nuit par la diligence.

Il faut, en Espagne, avoir de ces confiances-là !

La chaussée qui relie Cadiz au continent est interminable et horriblement cahotante; mais, à partir de San Fernando, la route ne le cède en rien aux meilleures d'Europe.

San Fernando, puis Chiclana sont franchies au galop. Ce sont de très coquettes petites villes aux maisons en rez-de-chaussée, blanchies à la chaux, ouvrant sur la route par d'immenses fenêtres défendues par des grilles solides.

Au delà, nous retrouvons la terre d'Espagne dans sa nudité agricole, où le palmier nain se propage comme le plus tenace des chiendents, et maintenant que les mois fiévreux sont passés, les laboureurs nomades y établissent leurs campements, paille et branchages, au bord des barrancos où dorment encore quelques flaques.

Car de village fixe on n'en voit toujours pas; nous sommes dans cette région de la « Frontéra », dont le nom sonne comme un clairon de bataille, et toutes les villes de cette zone, si souvent disputée : Conil, Medina Sidonia, Vejer, Arcos, sont juchées sur des pitons inaccessibles, toujours prêtes à repousser l'attaque des « Moros ».

Nous nous éloignons de plus en plus de la côte. Un instant apparaît, à droite, une longue falaise, à la puissante masse sombre, dont l'escarpement plonge dans l'océan déjà invisible. Notre cocher la nomme — il passe un frisson dans notre solitude — Trafalgar !

Nous devons relayer à Vejer à dix heures, et la coquette bourgade, étincelante de blancheur, nous promet, à distance, des aperçus pittoresques et un merveilleux panorama ; mais, à mesure que nous approchons, elle s'élève sur son piédestal de rochers fauves, tapissés d'oliviers, se dérobant peu à peu dans le raccourci de la perspective, et, lorsque nous sommes parvenus à la posada où doit se faire la halte, rien n'apparaît plus sur l'azur du ciel que le minaret de l'église vers lequel grimpe en lacets le dur sentier que nous ne devons pas gravir !

Il faut vite repartir ; il faut, en moins de huit heures, être arrivé à Algeciras. Au delà du rio Barbate, encaissé dans une cluse aux chaudes couleurs, au delà des bois d'oliviers de Vejer, nous rentrons dans la solitude, dominant la vaste plaine marécageuse, actuellement desséchée, de la Janda, où se pressent d'immenses troupeaux noirs.

L'horizon du sud est barré par de puissants

massifs sauvagement dénudés aux fières silhouettes, ce sont les sierras où les infidèles se retran-
chèrent si longtemps dans la lutte suprême :
sierra del Retin, sierra de San Matéo, sierra de
Enmedio, dont les dernières ondulations nous
masquent à trois reprises une vue fiévreusement
attendue.

Une quatrième fois nous gravissons un col où
nous trouvons les premiers arbres, des oliviers
gigantesques. Une bande bleue apparaît, enfin;
au delà, les sierras recommencent, étagées,
amoncellement de pics se perdant graduellement
dans la brume qui se lève.

La première impression est la surprise. Tout
indique une simple baie de l'Océan. N'est-ce pas
plutôt le Détroit si longtemps attendu?

Notre cocher nous tire d'embarras et répond
affirmativement lorsqu'en lui montrant les lointaines cimes neigeuses je lui demande : « Mar-
ruécos? »

Détroit de Gibraltar! Évocation de tant de souvenirs classiques et d'idées nouvelles! Colonnes
d'Hercule dont le nom, pendant les longs siècles
antiques, était celui du redoutable inconnu! et
qui encore, à l'heure actuelle, sépare deux civili-
sations contradictoires! Qu'on se figure un fleuve,

et non un Pas de Calais, comme je m'y atten-
dais, à peu près large comme la Gironde, que les
premiers navigateurs, habitués à une série de
mers fermées, durent prendre certainement tout
d'abord pour un estuaire inconnu et qui les fit
entrer subitement dans l'immensité terrible, aux
montagnes mouvantes, aux horizons brumeux,
rendue plus mystérieuse encore par le rythme
incompréhensible des marées.

Nous descendons dans un vallon très ombragé
où passait jadis la voie romaine. Un pont antique
est effondré dans les lauriers roses du torrent.
Sans répit, nous longeons la plage jusqu'à Tarifa,
notre dernier relais. Tarifa, ville mauresque, aux
maisons cubiques, aux coupoles blanches, aux
étroites rues en pente rapide, accrochée en amphi-
théâtre comme les villes sœurs du Maghreb, face
à l'ardent soleil, sur l'extrême pointe de l'Europe.

De Tarifa à Algeciras, je retrouve la côte tour-
mentée de la Kroumirie, rochers escarpés, sculptés
par la brise saline, monstrueux chênes-lièges
tordant leurs bras comme des pieuvres dans la
pâleur d'un crépuscule de tempête.

Voici, en effet, que subitement les sierras se
sont encapuchonnées de brouillards lourds; la

côte marocaine se voile; un froid subit tombe du ciel décoloré. Nous descendons au galop par de longues sinuosités vers la baie déjà sombre, que barre au loin une masse informe, à l'aspect sinistre, qui s'éclaire de mille points brillants.

Le bateau va partir, il ne nous reste plus que dix minutes; nous traversons en hâte une petite ville sans caractère, précédée de villas banales, déjà déparée par son contact avec « ce qui n'est plus l'Espagne ».

Gare affairée, embarcadère encombré, interprètes, « gentlemen » en casquette et knickerbockers, la pipe à la bouche, « misses » en chemisettes claires, ciel brumeux, houle en travers, tout cela me reporte à deux mille kilomètres vers le nord.

La nuit est complètement tombée. Il y a quelque chose d'impressionnant dans cette masse constellée de lumières vers laquelle nous avançons silencieusement, évitant avec soin de hautes masses noires, toute une escadre à l'ancre; six projecteurs électriques, constamment en mouvement, fouillent la rade, deux se fixent sur nous et ne nous quitteront plus.

Débarquement. Une grille s'ouvre, un factionnaire nous inspecte; nous donnons chacun, en échange d'un ticket, notre nom et notre nationalité. Ce ticket doit être remis ce soir même par les soins de l'hôtelier au gouvernement militaire; nous sommes, à partir de maintenant, dans la prison de Sa très gracieuse Majesté.

ÉVASION

12 octobre.

Pendant toute la nuit la maison a retenti de grondements, de battements lugubres, et lorsque je descends au matin, dès le coup de canon qui nous a fait sursauter, croyant à une explosion, j'apprends que les bateaux des trois lignes qui desservent Tanger ne partiront pas, vu l'impossibilité de débarquer.

Le rocher qui nous domine de quatre cents mètres nous abrite encore. Mais, à faible distance, la tempête d'Est fait rage, la mer est blanche d'écume, et l'escadre cuirassée a réduit sa mâture.

Résignons-nous à visiter Gibraltar, pour repartir d'Algeciras demain matin par le premier train, hélas! sans toucher la rive si voisine, but véritable de notre voyage; où nous aurions pu être bloqués pour longtemps peut-être.

L'unique rue est encombrée de soldats en khaki, la forteresse est dans une vraie fièvre de travaux acharnés autant que mystérieux, rigoureusement interdits aux profanes.

Nous faisons la visite ordinaire des galeries creusées vers 1780, où dorment de vieux canons qui n'effraient plus personne, conduits par un jeune Irlandais, tournant entre ses doigts la courte baguette dont tout « Red Jacket » ne se sépare jamais ; puis nous allons à la pointe d'Europe mesurer les effroyables à-pics du rocher sur lequel brisent les vagues monstrueuses.

Le tout se termine par une courte flânerie en ville, en attendant l'heure du bateau. A notre grande surprise, l'espagnol est resté, malgré deux siècles de conquête, la langue commerciale. Il y a très peu de magasins anglais, et la colonie marocaine, aux pittoresques costumes, est beaucoup plus importante que je ne l'aurais pensé ; c'est elle qui monopolise l'alimentation.

A cinq heures, munis de notre congé en règle, nous nous rendons à l'embarcadère, escortés de nos portefaix et de l'inévitable interprète... Personne à bord ! les feux sont éteints et on nous annonce avec la plus grande tranquillité qu'Algeciras étant inabordable, le bateau ne partira pas avant demain, et encore !...

Nous tenons conseil. Il faut à tout prix sortir d'ici, — mais comment?

Un cocher nous propose de nous conduire dans son panier en territoire espagnol, à San Roque, où nous trouverons une gare de la ligne Algeciras-Bobadilla.

Les conventions sont rapidement conclues, car il faut, non seulement que nous sortions du territoire britannique avant le crépuscule, mais surtout que les pauvres « mozos » attelés à nos bagages soient rentrés avant le coup de canon.

Nous retournons en ville pour nous adjoindre un troisième cheval, *avec son cavalier*, qu'on attache en flèche avec des cordes et, ainsi équipés à la Daumont, nous hâtons notre fuite.

Il faut franchir une première porte, puis une seconde dans les anciens remparts, puis une ligne de guérites espacées de cent mètres, dans lesquelles veillent constamment les sentinelles immobiles.

Ici commence le territoire neutre, plaine aride, inhabitée, lande battue par la tempête que retraversent en ce moment une foule de misé-reux en loques, venus ce matin du territoire espagnol pour gagner quelques pesetas dans les travaux de défense.

Voici maintenant une grille, longue d'un kilomètre, gardée, elle aussi, par des sentinelles coiffées du « ros » espagnol, face à face avec celles que nous venons de quitter. Une seule porte y est entre-bâillée, par où s'engouffre le troupeau humain. Tout piéton est fouillé. Sur notre air imposant, on nous laisse passer sans même ouvrir nos bagages, qui viennent d'arriver sur les épaules de nos porteurs exténués.

Distribution de « propinas » bien gagnées. Notre Daumont repart, suivie d'une carriole louée, pour nos bagages, à la « línea », et en route pour San Roque!

De route, il n'y en a pas! Ainsi le veut la sécurité de l'Espagne. Nous nous engageons sur une plage en pente, où nos roues s'enfoncent d'une façon inquiétante, pendant que les vagues viennent s'y briser, mouillant les chevaux jusqu'au poitrail.

Le jour baisse. Le canon a lancé sa note brève. Gibraltar s'illumine; le rocher, toujours farouche, nous domine encore, silhouette de sphinx, gardant le redoutable secret de ses batteries innombrables.

Enfin, nous quittons la plage, et nos voitures

se hissent péniblement sur des rochers blancs, entamés d'invraisemblables ornières. Sur le ciel, où courent des nuages blafards, se profilent les haies d'aloès et les masures en ruines qui servent de points de repère.

Tant bien que mal, nous arrivons à San Roque, gros village tout blanc, dont les lueurs illuminent l'obscurité, perché sur un très haut mamelon, où nous devons attendre le train de six heures du matin.

Les hôtels annoncés par Baedeker n'existent pas; il y a juste deux posadas : l'une infecte, l'autre dans laquelle il nous faut livrer une véritable bataille, accompagnée d'invectives en espagnol et en anglais, pour pouvoir nous enfuir après un dîner payé au triple tarif.

Oui, nous fuyons San Roque depuis que nous avons appris qu'à la gare, à quelques kilomètres de distance, passera à dix heures et demie un train pour Algeciras.

Nous fuyons, poursuivis par les malédictions d'une mégère qui voit s'échapper un bénéfice inespéré.

Une gare, composée d'une pièce où couche pêle-mêle sur ses pauvres meubles une famille d'émigrants, seule dans une vallée inconnue. Nous y veillons patiemment — la patience est obligatoire en Espagne — en compagnie de carabineros, très intrigués par notre présence : jamais ils n'avaient encore vu de Français!...

A minuit, nous sommes à Algeciras; coquet omnibus « Reina Cristina » à la gare; parc moderne, où se pressent les plantes rares; cottage aux gracieuses tourelles; confortable inattendu — lits pour ambassadeurs.

RONDA

13 octobre.

C'est désormais la route du Nord! A l'horizon, barrant l'aube qui se lève, un géant énorme est couché sur le ventre, la tête enfoncée dans les bras croisés, les pieds baignant dans la mer. Voilà la dernière image, toujours présente à ma mémoire, du rocher de Gibraltar.

La voie sinueuse nous conduit longtemps à travers d'interminables forêts de chênes-lièges encadrées par des crêtes rocheuses et des escarpements arides aux ombres bleues. Pour arriver aux premiers plateaux, nous côtoyons le Guadiaro dans l'étroite cluse qu'il s'est creusée. Il y a là de beaux à-pics rougeâtres sur le lit, desséché à cette heure, où foisonnent les lauriers-roses.

Plus haut, les villages se multiplient, encadrés par de hautes montagnes étagées, où s'accrochent les nuages chassés par la tempête d'avant-hier, non encore calmée, et, par un immense détour, nous arrivons à notre première étape : Ronda.

On est très habitué, ici, à voir débarquer les touristes, et des nuées de gamins nous accueillent par des « good morning » et « penny », constituant le plus clair de leur vocabulaire cosmopolite. Malgré nos rebuffades, six à huit s'attachent à nos pas, sans nous laisser de répit, mouches quémandeuses, dont l'importunité inlassable dépasse toute idée.

La première partie de la petite ville est quelconque : une grande rue, bien droite, bordée de maisons blanches dont les fenêtres sont grillées comme des prisons. Nous tournons à droite, avec notre escorte à peine égrenée, et, de l' « Alameda », promenade pelée, aux arbustes saupoudrés de poussière, se découvre tout à coup le spectacle le plus inattendu. Le sol manque brusquement sous nos pas, la vallée est en bas, au pied d'un à-pic de deux cents mètres. Au fond du tableau, les sierras tracent un immense cercle sombre. Plus près, en face, perché comme nous sur un bloc aux parois verticales, le vieux Ronda est isolé dans l'espace par une coupure, un trait de scie descendant jusqu'à la base, abîme infranchissable qui en fit pendant de longs siècles l'asile inviolé des populations primitives.

Une arche fut jetée par les Romains sur cette fissure du « Tajo »; les Arabes en lancèrent une autre un peu plus haut, mais ce n'est qu'à la Renaissance espagnole que les deux rives furent réunies de niveau par un pont aux longues lignes massives, tristement inauguré par la terrible chute de son architecte dans le gouffre qu'il croyait avoir vaincu.

Ronda est misérable : les rues désertes sont dépavées, les vieux logis, aux souvenirs mauresques, tombent en ruines; nous verrons mieux ailleurs; mais l'inoubliable, c'est la descente dans le ravin, plus étroit et plus profond que celui de Constantine, comme lui tapissé de cactus aux fruits inaccessibles, aux roches surplombantes zébrées par d'immondes cascades et où, lors des prochaines corridas, iront pourrir les charognes abandonnées aux vautours de la Serrania !

Un dernier « muchacho » nous est resté fidèle

malgré toutes les injures de mon répertoire. Le
train s'ébranle devant sa mine désappointée.

MALAGA

14 octobre.

Une dernière fois notre fantaisie, et aussi des
souvenirs de famille, nous ramènent vers le Sud.
Nous redescendons du plateau andalou vers la
mer. Ici encore le passage ne peut se faire que
par un défilé, dépassant, celui-ci, tout ce que
j'avais encore vu dans cette Espagne pourtant si
riche en terrifiantes « gargantas ».

Ici, c'est une montagne en calcaire grisâtre,
dur comme du marbre, en couches relevées verti-
calement comme les feuillets d'un livre posé
debout, sans aucune trace de végétation.

Une crevasse s'est ouverte dans ce bloc, elle
a trois cents mètres de profondeur; tout au fond,
un filet d'eau qui alimente une banale usine élec-
trique; on appelle cela le « Chorro. »

La voie ferrée ne pouvant pas côtoyer le gouffre, chemine à l'intérieur du rocher, elle saute
une étroite faille, où apparaît saisissante la tranche feuilletée du massif, puis brusquement sort
en pleine lumière, crevant le mur vertical, lisse

comme une dalle fantastique dressée par les Titans, dans la proportion d'un trou de ver au plat d'un in-folio.

Ici, commence le réseau d'irrigation qui établit au flanc de la vallée, sans cesse élargie, la démarcation trop nette entre la désolation et la richesse.

Une première zone est peuplée d'orangers, en plantations régulièrement monotones. Plus bas, laissant les arbustes sur les terrasses, voici les vignes avec de vastes aires où, sous des abris en toile, sèchent les raisins. En approchant de la mer, voici des plantes nouvelles, en rangs serrés, semblables à des maïs, mais d'un joli vert pâle, élancées et feuillues: ce sont des cannes à sucre.

Il n'y a pas grand'chose à dire de Malaga : sa prospérité maritime, venant surtout du récent commerce des raisins secs, a amené sa modernisation; ce que voit l'étranger, passant rapide, n'a plus rien d'espagnol; vastes promenades, rues larges, bordées de hautes maisons neuves. On démolit sans cesse et on va bientôt détruire l'ancien quartier arabe de l'Alcazaba, où les murs antiques disparaissent sous la lèpre des bâtisses croulantes, asile empuanti de l'indolente misère.

Du haut des dernières tours mauresques, les pêcheurs d'oiseaux, armés de longues lignes terminées en lassos, se livrent à leur sport favori.

Les bras étendus, d'où pendent, au bout d'une corde, deux paniers plats comme des plateaux de balance, remplis d'anchois argentés, un marchand de poissons court, pieds nus, sur le boulevard poudreux, ne prenant haleine que sous l'ombre insuffisante des mimosas.

Plus loin, un essai de ville d'hiver a été tenté : route en corniche le long de la mer bleue, villas de tous styles, jardins à la flore exotique abondante et variée; mais tout cela inachevé, poudreux; il règne dans l'air l'éternel malaise de l'implacable sécheresse.

A une heure de Malaga, sont les fameux jardins de la Concepcion, fantaisie de millionnaire servie par un climat exceptionnel, contraste inattendu avec un cadre calciné. Il n'y a pas, que je sache, pareille serre en plein air dans la vieille Europe : toutes les plantes tropicales y sont représentées en pleine vigueur. Que serait-ce si l'eau coulait à flots dans ces cascades et murmurait dans ces rigoles?... Déjà, certains massifs se flétrissent, et l'eau indispensable n'est plus distribuée que par arrosoirs bien comptés.

Nous rentrons en ville par la même route, le lit desséché du Guadalmedina où sont dressées les tentes et les boutiques d'une foire aussi pittoresque que malodorante.

Au milieu des loques et des ferrailles s'amoncellent les vertes pastèques, les piments verts ou écarlates, brillant au soleil comme des laques japonaises.

Le soir est arrivé ; les rues regorgent de passants, ouvriers du port ou des « bodegas », en tenue de travail. Au coin d'une rue, accroupie devant un brasier, une gitane attend, fièrement immobile, les acheteurs de châtaignes, statue de bronze, aux yeux de bayadère, rendue plus belle encore par les reflets de feu qui l'entourent d'une rouge auréole.

GRENADE

18 octobre.

Grenade ! Grenade tant vantée ! Terme de notre route en cette Espagne mauresque, souvent si décevante, que ménages-tu à mon angoisse ?

.   .   .   .

Nous quittons Grenade ce soir, et, comme à Cordoue, comme à Cadiz, je lui dis : « Au revoir, merci pour l'aumône de ta verdure, de tes fontaines, du rêve d'Orient où tu nous as bercés ! »

La vaste plaine laborieuse, où fument les immenses sucreries, s'arrête ici, au pied de la sierra. Ici, reculant toujours devant les peuples chrétiens coalisés, irrésistibles dans leur fièvre de revanche, se sont arrêtés les derniers adorateurs d'Allah, retranchés sur un promontoire dont les flancs abrupts plongent dans d'étroits ravins. C'est là qu'ils élevèrent la ville rouge « al Hemrâ », cité féodale où les hautes tours carrées, aux reflets pourprés, semblaient devoir rendre inviolable ce refuge si bien préparé par la nature.

La plaine était féconde, les neiges éternelles alimentaient d'intarissables torrents, l'ardent soleil revêtait de chaudes couleurs les coteaux étagés où mûrissaient les fruits savoureux, et pourtant ce séjour enchanté, où tout disait de vivre, devait voir la fin d'une épopée, l'agonie d'un peuple guerrier, brodant de gemmes rares et de perles précieuses le linceul où la Volonté suprême l'ensevelissait lentement.

O Alhambra ! à mesure que se resserrait l'impi-
toyable investissement des barbares, s'accrois-
saient tes richesses ! A chaque bataille perdue
correspondait un nouveau palais à la parure
toujours plus somptueuse, où les frises polychro-
mes célébraient pour la postérité le nom fameux
du sultan régnant, « dont l'éclat efface dans le
ciel celui des brillantes étoiles. »

Tout était disposé ici pour supporter dans un
bien-être inouï le siège des armées ennemies et
l'ardeur des étés également implacables. Les
salles, tapissées d'azulejos ou de dalles de marbre toujours glacées, précédées de galeries arrê-
tant toute réverbération, donnaient sur des patios
où les eaux cristallines de la Nevada murmu-
raient jour et nuit, et, pour combattre ce qu'il
pouvait y avoir de sombre dans les alcôves
encombrées de moelleux tapis, les voûtes multi-
pliaient les saillies dorées où s'accrochaient les
reflets lumineux, coupoles en alvéoles d'abeilles,
en stalactites de féerie, d'où semblait tomber
en gouttelettes une pluie parfumée.

Tout cela est maintenant atténué par le passage
des siècles et les barbares abandons : les stucs
ont le ton du vieil ivoire ; il n'y a plus que des
traces de bleu, de rouge, de vert dans le gaufrage

délicat des surfaces, mais j'aime précisément ce
voile tendu sur le passé lointain, tissu irréel qui
arrête la violence criarde des décorations du
xive siècle, hardiesses de contrastes qui sonne-
raient faux aujourd'hui, alors inséparables des
guerriers aux armures étincelantes et des belles
favorites constellées de pierreries, alanguies dans
leurs cages aux barreaux dorés.

Et maintenant que, dans la nuit, les cahots
d'un wagon crasseux combattent ma somno-
lence, je revois Grenade en son ensemble : ville
aux vieilles rues si caractérisées, cathédrale
encombrée de trésors, fière de ses tombeaux
fameux, grottes où dansent les gitanes, creusées
sous les raquettes des cactus, Généralife, pauvre
villa délabrée, avec ses jardins à l'italienne, où
se retrouve, inattendue, la délicate ornementation
des Arabes, panorama incomparable barré par la
crête argentée de la Nevada. Tout cela s'atténue,
passe au second plan, tellement reste profonde
l'impression inoubliable des longues heures soli-
taires passées en ce château de rêve, évocation
d'une époque fugitive qui n'a laissé debout que
cet unique témoin.

CHEMIN DE FRANCE

19-24 octobre.

L'Espagne des Arabes a étalé tous ses trésors. Il resterait à voir l'Espagne méditerranéenne exubérante dans ses « Huertas » éternellement ensoleillées, puis l'Espagne catholique couverte de cathédrales gothiques par les architectes français. Nous n'en avons plus le loisir; en hâte il faut remonter vers le Nord autant que le permet l'organisation d'un réseau ferré, aux maigres recettes, qui a rencontré dans ses tracés les plus formidables obstacles naturels.

Madrid nous est fermé. Tous les hôtels ont été monopolisés à l'occasion du voyage du Président de la République voisine et amie, et nous devons nous échouer à Aranjuez.

Arbres merveilleux, ormes ou platanes qui puisent dans un sol imprégné par les eaux du Tage la sève qui circule dans leurs troncs gigantesques. Palais royal, Casa del Labrador, résidences oubliées dans cette oasis entourée d'un désert de pierres, coûteuses fantaisies dont ne subsiste que le mauvais goût.

Nous repartons presque à jeun, — il n'y a de

mangeable à Aranjuez que les œufs à la coque,
— et, au milieu de la nuit suivante, après une
dernière visite aux incomparables Velazquez du
Prado, nous sommes à Saragosse.

Ici, c'est encore l'Espagne, mais dans un
climat différent, habité par une race nouvelle
qui a gardé son pittoresque costume, turban et
culotte courte, qui ne regarde plus vers le Sud,
mais vers l'Orient méditerranéen. Les rues
étroites, bordées de hautes maisons aux toits en
saillie supportés par des consoles ornées, sont
des rues de Toscane, et les massifs « Solares »,
à la décoration sévère, avec loggias au dernier
étage, toujours prêts à subir un siège, sont une
réplique des palais florentins bâtis pour les luttes
perpétuelles entre familles guelfes et gibelines.

Je note à la hâte deux merveilleux retables
gothiques, sublime rivalité de deux grands artis-
tes et de deux cathédrales, gloires de cette ville
farouchement passionnée, aux rancunes inassou-
vies, où, dans une froide enceinte aux murs nus,
panthéon des héros de 1808, la foule silen-
cieuse reste prosternée devant le « pilier », sym-
bole mystérieux de son attachement invincible
aux lointaines légendes qui firent la force de

l'Espagne et lui donnèrent deux fois la victoire sur les peuples envahisseurs.

Encore une dernière impression qui me ramène aux bords lointains déjà du Guadalquivir, sous les arceaux de la divine Mezquita. Il y a, perdu dans un recoin de caserne, enfumé, délabré, un bijou de la grande époque des califes : l'oratoire des glorieux émirs de « Zaracosta ».

O archéologues, ne le restaurez pas !

A Pampelune, nous retrouvons l'Espagne telle que la croient partout les Parisiens qui sont allés « jusqu'à » Fontarabie. Ville coquette, haut perchée en un site bien choisi, toutes maisons nobles qui étalent leurs massifs écussons, cathédrale qui annonce la France !

Enfin, voici le « doux parler » du pays natal, voici une vraie verdure, des eaux qui ne tarissent jamais, voici bientôt le foyer où nous nous savons attendus.

Que les Landes sont belles ! que les pins sont verts !...

BORDEAUX. — IMPR. G. GOUNOUILHOU, RUE GUIRAUDE, 11.

www.ingramcontent.com/pod-product-compliance
Lightning Source LLC
LaVergne TN
LVHW022031080426
835513LV00009B/970